T0380921

Please! Don't Hurt Me!

¡Por Favor, No Me Lastimes!

Wanda Delgado-Albizu, Ph.D.

To order additional copies of this book, contact:
Xlibris
1-888-795-4274
www.Xlibris.com
Orders@Xlibris.com

ISBN: Softcover   978-1-7960-6628-9
         EBook   978-1-7960-6627-2

Library of Congress Control Number: 2019916558

Print information available on the last page

Rev. date: 02/19/2020

DEDICATION

Dedicated to all dog lovers!

DEDICACIÓN

¡Dedicado a todos los amantes de los perros!

Lucas

INTRODUCTION

All over the world, dogs are very popular pets. Why? One reason is because they are often devoted and loyal. Dogs can also be a lot of fun to play with, but sometimes these animals suffered at hands of people that does not value a dog the way that it should be, with love and care. These short stories are going to help children understand situations and circumstances that can harm a canine.

INTRODUCIÓN

Alrededor de el mundo los perros son muy populares. ¿Pórque? Una razón es porque son animales devotos y fieles además son divertidos para jugar, pero a veces estos animales han sufrido en las manos de personas que no valoran a un perro de la manera que debería ser, con amor y cuidado. Estas cortas historias van a ayudar a los niños a comprender situaciones y circunstancias la cuál pueden hacer daño a un canino.

From the time I was a child, I listened to my grandmother talk about how dangerous dogs could be if you were a stranger, which is why I grew up being very afraid of animals in general. As the years went on, I gradually started to change my mind when I saw how happy my friends were with their pets, especially dogs. It wasn't until I became an adult, that I was able to overcome that fear when my daughter, Glenda, brought home her pet puppy Lucas, a Shih Tzu. Little by little I felt more comfortable and noticed how faithful, loyal, affectionate and intelligent a dog could be. They learn so fast, that they can surprise us with all their knowledge. When I look at Lucas, I think of those little dogs that are sad, because the people around them are mistreating them.

Today, I invite you to hear different stories about canines and some events of their lives. These dogs have suffered at the hands of humans, but sometimes these animals make an amazing recovery.

Are you ready to meet them?

Desde que era una niña, escuché a mi abuela hablar de lo peligrosos que podrían ser los perros si eres un extraño, que es por lo que crecí con mucho miedo de los animales en general. A medida que pasaron los años, gradualmente empecé a cambiar de opinión cuando ví lo felices que estaban mis amigos con sus mascotas, especialmente los perros. No fué hasta que me convertí en adulta, que pude superar ese miedo cuando mi hija, Glenda, trajo a casa a su mascota, Lucas, un Shih Tzu. Poco a poco me sentí más cómoda y me dí cuenta de lo fiel, leal, cariñoso e inteligentes que puede ser un perro. Aprenden tanto, que pueden sorprendernos con todos sus conocimientos. Cuando miro a Lucas, pienso en esos perros pequeños que están tristes, porque la gente a su alrededor los está maltratando.

Hoy los invito a conocer diferentes historias sobre caninos y algunos eventos de sus vidas. Estos perros han sufrido a manos de algunos humanos pero a veces estos animales hacen una gran recuperación.

¿Estás listo (a) para conocerles?

Max 's life was not always so easy for him during his years as a puppy. Case in point: for some reason, Max always seemed to be laying down somewhere. His owner, Jack, was a fisherman who would take Max out to the lake, and Max would be there to protect his bait while he went fishing. Max would always lie down next to Jack's fish bucket, and he would never move.

This went on until one day, the fisherman noticed that Max would not do anything other than sit there next to the fish bucket. After observing his four-legged friend for a little while longer, Jack decided it was time to take Max to the veterinarian for a checkup. From doing that, Jack was surprised to learn that the reason his dog was so inactive, was because he had anemia. This is a condition that occurs when the body loses blood cells.

Max was treated and assigned to take daily walks, and to take up activities like picking up sticks. Even though he still likes to take naps, it is encouraging for Jack to know exactly what was troubling his little buddy, and how to get him feeling better.

Always remember to regularly take your dog to the veterinarian!

La vida de Max no siempre fué tan fácil para él durante sus años como un cachorro. Caso en cuestión: por alguna razón, Max siempre parecía estar tumbado en alguna parte. Su dueño, Jack, era un pescador que llevaba a Max al lago, y Max estaría allí para proteger su carnada mientras el pescaba. Max siempre se acostaba al lado del cubo de Jack, y nunca se movía.

Esto continuó hasta que un *día, el pescador notó que Max no hacía nada más que sentarse allí junto al cubo de*l pescado. Al observar a su amigo de cuatro patas por un rato, Jack decidió que era hora de llevar a Max al veterinario para ver su estado . Al hacer eso, Jack se sorprendió al saber que la razón de que su perro estaba inactivo era porque tenía anemia, que es una condición que se produce cuando el cuerpo pierde las células sanguíneas.

Max fué asignado a dar paseos diarios, y realizar actividades como recoger palos. Y a pesar de que todavía le gusta tomar siestas, es alentador para Jack saber exactamente lo que estaba preocupando a su pequeño amigo, y cómo conseguir que se sintiera mejor.

*¡Llevar regularmente a su perro al veterinario!

Max

Molly is a mixed boxer that was adopted from a couple, when their decided to move to another state. When the new owner went to pick him up and brought him home, Molly was very scared. Her little face was hiding in the corner, where her cage had been placed. What was interesting, even when Molly was out of her cage, she still trembled in the part of the room where it had previously been. As it turned out, when the former owners were asked, they explained that Molly always was in her cage because they did not have enough space in their house to make way for a different arrangement. Fortunately, since then, Molly has gotten used to living with her new owner, and is very happy in her new home, now that she is free to roam, play, and lay anywhere.

Please do not confine your dog to a reduced space or cage! They need to run and exercise!

Molly es una mezcla de boxer que fué adoptada de una pareja, una vez que sus dueños decidieron mudarse a otro estado. Cuando el nuevo propietario fué a recogerla, Molly estaba muy asustada. Su carita se escondía en una esquina donde había sido colocada su jaula. Lo interesante fué que, incluso cuando Molly fué forzada a salir de su jaula, todavía se encogió en la parte de la habitación donde había estado previamente. Resultó que, cuando se le preguntó al ex dueño, le explicaron que Molly siempre estaba en su jaula porque no tenían suficiente espacio en su casa para dar paso a un arreglo diferente. Afortunadamente, desde entonces Molly se ha acostumbrado a vivir con su nuevo dueña, y es muy feliz en su nuevo hogar, ahora que es libre de jugar y acostarse en cualquier lugar.

*¡Por favor no confine a su perro en un espacio reducido o en una jaula! ¡Tienen que correr y hacer ejercicios!

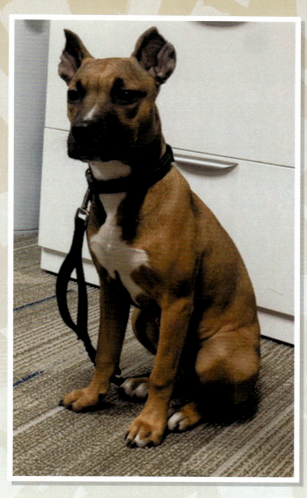

Molly

A family kindly saved *Star* by adopting him on the day that he was to be put to sleep. He had been severely injured on his back leg, when his left leg got trapped on a bicycle pedal. Apparently, this happened when two boys put Star on a bike and tried to have him ride it like a person would. The Smith family was going to the store, and saw this dog hurting on the street. They stopped what they were doing to pick him up and take him to the vet. The doctor estimated that Star would not be able to walk because of the damage that had been done to his leg. The Smith family went home and had a long talk about Star. Once they made their decision, they came back and adopted him. In the process, they were stunned to find out that the dog's name was on the list for him to be put to sleep on that day. The Smith's rescued and named him Star and he recovered well, and now just limps when he walks.

Una familia amablemente salvó a Star adoptándolo el día en que iba a ser puesto a dormir. Había sido gravemente herido en su pata trasera, cuando su pata izquierda quedó atrapada en un pedal de bicicleta. Al parecer, esto sucedió cuando dos chicos pusieron a Star en una bicicleta y trataron de que lo montara como lo haría una persona. Las familia Smith iban a la tienda y vieron a este perro en la calle sufriendo, así que pararon lo que estaban haciendo para recogerlo y llevarlo al veterinario. El doctor estimó que Star no sería capaz de caminar porque el daño que se había hecho a su pata. La familia Smith fué a casa y tuvo una larga charla sobre Star, y una vez que tomaron su decisión, volvieron y lo adoptaron. En el proceso, se quedaron atónitos al descubrir que el nombre del perro estaba en la lista para dormirlo ese día. La familia Smith lo llamó Star y se recuperó bien, y ahora cojea cuando camina.

Star

Tootsie is 3 years old when her owner, a precious little girl, was playing with glue, and the dog started to run around with the glue bottle. Tootsie broke the bottle with her teeth and the glue ended up running all over the dog. In her youthful innocence, the little girl thought that it was funny and poured the rest of the glue on Tootsie. Afterwards, she got scared and decided not to tell her Mom so that she would not get in trouble. Hours passed by and Tootsie fell asleep. Later, the little girl's mother went to the kitchen and found Tootsie all covered in dry glue. Alarmed, she got her daughter and they took Tootsie outside, hosed her down, and they ended up shaving all her hair. I met Tootsie on a family trip to Washington DC. This is Tootsie now, and because of what happened, it is safe to say that her young owner has learned some valuable lessons about responsibility and respect.

Tootsie tenía 3 años cuando su dueña, una niña preciosa, estaba jugando con pegamento, y la perra empezó a jugar con la botella de pegamento. Tootsie rompió la botella con sus dientes y el pegamento acabó corriendo por todo el perro. En su inocencia juvenil, la niña pensó que era divertido y derramó el resto del pegamento en Tootsie. Después, se asustó y decidió no decírselo a su madre para que no se metiera en problemas. Pasaron horas y Tootsie se quedó dormida. Más tarde, la madre de la niña fué a la cocina y encontró a Tootsie toda cubierta de pegamento seco. Alarmada, cogió a su hija y se llevaron a Tootsie afuera, la bañaron, y terminaron afeitándole todo el pelo. Yo conocí a Tootsie en un viaje a Washington DC. Esta es Tootsie ahora y debido a lo que pasó, es seguro decir que su joven dueño ha aprendido algunas valiosas lecciones sobre la responsabilidad y el respeto.

Tootsie

Domino is a Pitbull, and he was given as a Christmas present to a happy family. At the beginning, Domino felt very happy in his new home, and received tons of care and attention. Two months after the holiday, the boys in the family started hesitating to feed Domino, so it automatically became the Mom's job. Eventually, everyone in the family was so busy in their own daily schedules that no one was paying attention or playing with the puppy. As time went on, Domino started losing weight and showing no interest in going outside or doing anything. The family noticed the changes he was displaying and took him to the vet. They discovered that Domino was suffering and dealing with the effects of emotional rejection. Once he was home, the family assigned duties to everyone in the house, including walking Domino. He loves the way that they are treating him now. In fact, he is back to his normal weight.

Always remember: Dogs need to be fed daily! They need love, love, love!

Domino es un Pit Bull que se le dió como regalo a una familia para la Navidad. Al principio, Domino se sintió muy felíz en su nuevo hogar, y recibió toneladas de cuidado y atención. Dos meses después de las vacaciones, los chicos de la familia comenzaron a dudar para alimentar a Domino, por lo que automáticamente se convirtió en el trabajo de la madre. Finalmente, toda la familia estaba tan ocupada en sus propios horarios diarios que nadie seguía prestando atención o jugando con el cachorro. A medida que pasaba el tiempo, Domino empezó a perder peso y a no mostrar interés por salir a la calle o hacer nada. La familia se dió cuenta de los cambios que estaba mostrando, y lo llevaron al veterinario. Lo que descubrieron fué que Domino estaba sufriendo y lidiando con los efectos del rechazo emocional. Una vez en casa, la familia asignó tareas a todos en la casa, incluyendo caminar a Domino. Le encanta la forma en que lo están tratando ahora. De hecho, ha vuelto a su peso normal.

¡Los perros necesitan ser alimentados diariamente! Ellos necesitan amor, amor, amor!

Domino

Natacha is a tan Labrador that had five puppies, and they all lived happily on a beach on the East side of Puerto Rico. On a regular basis, they would all run around, enjoy the beach, and play in the sand. Natacha took care of her puppies; feeding, protecting and playing with them all day long.

One day Natacha disappeared. Nobody had seen her for a long period of time, and the puppies were given away. Unfortunately, this was done too early and two of them did not make it.

*Puppies need at least six weeks before they are taken away from the mother!

Natacha es una labrador bronceada que tuvo cinco cachorros, y todos vivieron felices en una playa en el lado este de Puerto Rico. Regularmente, todos corrían alrededor, disfrutar de la playa, y jugaban en la arena. Natacha cuidó de sus cachorros, alimentándolos, protegiéndolos y jugando con ellos todos los días.

Un día Natacha desapareció, y después de que nadie la había visto por un largo período de tiempo, los cachorros fueron regalados. Por desgracia, esto se hizo demasiado pronto y dos de ellos no lograron vivir.

*¡Los cachorros necesitan por lo menos seis semanas antes de que se los separen de la madre!

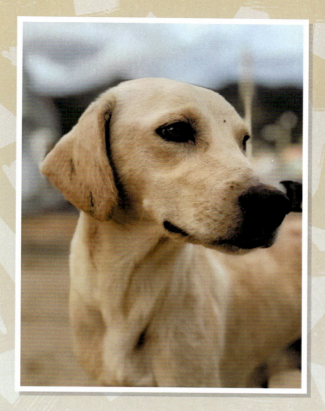

Natacha

Nena is a mixed Chihuahua. She had a bad experience after birth but ended up living a happy life after all. Accidentally, the dog had fallen from a person that was holding her going down the stairs. Poor Nena got hurt and fractured her back legs. Eventually, she needed surgery and exercise programs for her to make a full recovery. Today, Nena has recuperated completely from the fall and has grown to be a lovely dog.

Always be careful when carrying a puppy!

Nena es una Chihuahua mezclada que tuvo una mala experiencia durante sus primeras semanas después de nacer, pero terminó viviendo una vida feliz después de todo. Accidentalmente, el perro cayó de una persona que la sostenía y bajó las escaleras. La pobre Nena se lastimó y se fracturó las patas traseras. Con el tiempo, ella necesitó programas de cirugía y ejercicios para que se recuperara por completo. Hoy en día, Nena ha recuperado completamente de la caída.

*¡ Siempre ten cuidado cuando cargues un cachorro!

Nena

Charlie is a black Labrador that loves to be petted. He spent years of his life with a chain on his neck, sitting in his owner's back yard. It was the first time that this family had a dog and they got him for the purpose of house protection. Charlie was already four years old when this family adopted him, and when they got him, they put him in a little doghouse with a long chain. They would put a meal a day in Charlie's dish, but did not show any affection or play with Charlie. One day, a neighbor discussed the importance of dogs needing to play, exercise, and be shown love. They thought about it, and then gave Charlie to the neighbor, since they were too busy working to devote more attention to the dog. Charlie moved to the neighbor's house, and he is very happy in his new house.

Charlie es un Labrador negro al que le encanta que lo acaricien. Pasó años de su vida con una cadena en el cuello, sentado en el patio trasero de su dueño. Era la primera vez que esta familia tenía un perro y lo cogieron con el propósito de protección de la casa. Charlie ya tenía cuatro años cuando esta familia lo adoptó, y cuando lo adoptaron, lo pusieron en una casa de perros con una cadena larga. Ponían una comida al día en el plato de el, pero no mostraban ningún afecto o jugaban con Charlie. Un día, un vecino discutió la importancia de que los perros necesiten jugar, hacer ejercicio y que se les muestre amor. Pensaron en ello, y luego le dieron a Charlie al vecino ya que estaban demasiado ocupados trabajando para dedicar más atención al perro. Ellos dejaron que Charlie se mudara a casa del vecino y ahora el está muy contento en su nueva casa.

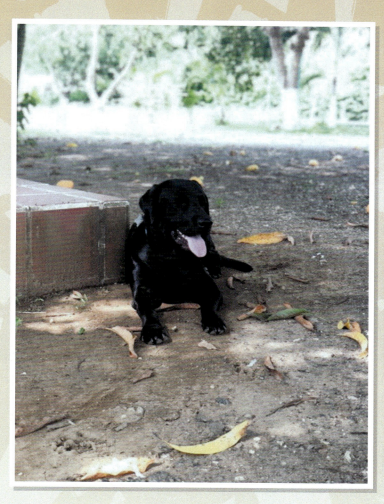

Charlie

Ruby was a street dog that my friend Tricia found in her neighborhood park. She was out on her daily walk when she saw a boy hitting a stray dog. Tricia is a dog lover, and she yelled at the boy until he left the dog along and ran away from the park. It was the third time that she saw this lonely dog at the park. So that day, she took Ruby home and gave him a good bath. Ever since then, Ruby has been her walking companion and best friend.

*Yelling and hitting a dog is hurting the dog mentally!

Ruby era un perro callejero que mi amiga Tricia encontró en su parque del vecindario. Estaba haciendo su paseo diario cuando vió a un niño golpeando al perro callejero. Tricia es una amante de los perros, y ella le gritó al niño hasta que dejó al perro y se escapó corriendo del parque. Era la tercera vez que veía al perro solitario en el parque, así que ese día, llevó a Ruby a casa y le dió un buen baño. Desde entonces, Ruby ha sido su compañero caminante y su mejor amigo.

*¡Gritar y pegarle a un perro es como herir a un perro mentalmente!

Ruby

Coco is a stray dog from the neighborhood, and she depends on the people that live around there to feed her. One of the guys that used to feed her named her Coco, because she is always sitting elegantly even though she rarely gets a bath. Coco walks up and down all day long waiting for someone to feed her or give her a bath. The people of Calm Street have basically adopted Coco.

It is advised to bathe your dogs at least once every two months!

Coco es una perra callejera del barrio, ella depende de la gente que vive ahí para alimentarla. Uno de los chicos que le daban de comer la llamaron Coco, porque ella siempre está sentada elegantemente aunque rara vez se baña. Coco camina arriba y abajo todo el día esperando que alguien la alimente o le dé un baño. La gente de la calle Calma han adoptado a Coco.

*¡Se recomienda bañar a sus perros por lo menos una vez cada dos meses!

Coco

Bella is a beautiful hazel-eyed Chihuahua. My father rescued her from a person with a mental illness and was they were training Bella to be aggressive and bite other people. As unusual as that that sounds, it took almost a year before Bella was no longer aggressive. My father had to first separate his other dog until they got to meet each other while sleeping in different cages next to each other. Bella has now survived from her violent attitude, and she is a lovable dog now.

Bella es una hermosa Chihuahua de ojos color avellana Mi padre la rescató de una persona con una enfermedad mental que estaba entrenando a Bella para ser agresiva y morder a otras personas. Tan inusual como suena, Bella pasó casi un año antes de que no fuera agresiva. Mi padre tuvo que separar primero a su otro perro hasta que llegaron a encontrarse durmiendo en jaulas uno al lado del otro. Bella ahora ha superado su actitud de violencia, y ella ahora una perra adorable.

Bella

Barry is a male Lhasa Apso mixed with Shih Tzu. He was adopted from the SPCA. His previous owner never brushed his teeth and consequently Barry lost most of them teeth. It is difficult for him to chew certain things. Barry's new owner makes sure that he is well cared for.

Please! Brush your dog's teeth at least once a month.

Barry es un mezcla de Lhasa Apso con Shitzu, El fué adotado por el SPCA. sus dueños anteriores nunca le cepillaron sus dientes y como consequencia Barry perdió la mayoría de sus dientes y como resultado es muy difícil para el masticar algunas cosas. La nueva dueña de Barry se asegura de tenerlo bien cuidado.

*¡Por Favor! Cepille los dientes de su perro por lo menos una vez al mes.

Barry

Recognition To A Service Dog

Briar, an energetic Labrador Retriever, born in 2017, grew up with his parents until they passed away. He was trained since he was a puppy to be a service dog. Briar senses when his owner or other dogs are in danger and he goes to the rescue. He is very loyal, smart and understands just about the entire English vocabulary. Briar loves to swim and help.

Tom Bellucci

Dog Trainer (in person or online)

(732) 757-2568

Reconocimiento A Un Perro de Servicio

Briar es un energetico Labrador Retriever nacido en 2017, creció junto a sus padres hasta que estos murieron. Fué entrenado desde pequeño para ser un perro de servicio. Briar siente cuando su dueño o otros perros estan en apuro y va al rescate. Briar es muy leal, inteligente y entiende casi todo el vocabulario en Inglés. Briar ama nadar y ayudar.

Tom Bellucci

Dog Trainer (en persona o en línea)

(732) 757-2568

ADVICE TO BOYS AND GIRLS ABOUT WHAT IT IS TO BE CRUEL TO ANIMALS

What is Cruelty to Animals? It is when a person harms an animal or does not give it the care it needs suchas food and water. There is a law that protects animals from cruelty that is also called abuse or neglect.

You can help speak for that animal, depending on the situation

Keep these three rules in mind:

* Don't touch – Never try to stop a person who is hurting an animal or try to help an injured animal if you are alone

* Find an adult – Find help from someone like your parents, teacher or a known neighbor. Tell him what you saw and together they go to the place

* Call 911 – If you see abuse or abuse occurring, tell your parents or guardian to call 911 because it is an emergency

CONSEJO A CHICOS Y CHICAS DE LO QUE ES SER CRUELES A LOS ANIMALES

¿Qué es Crueldad a los Animales ? Es cuando una persona le hace daño a un animal o no le da el cuidado que este necesita como comida y agua. Hay una ley que protege a los animales de la crueldad que es también llamado abuso o negligencia.

Tu puedes ayudar a hablar por ese animal, dependiendo la situación

Manten estas tres reglas en mente:

* No toques - Nunca trates de parar a una persona que esta hiriendo a un animal o trates de ayudar a un animal herido si tu estas solo(a)

* Busca un adulto - Encuentra ayuda de alquien como tus padres, la maestra o un vecino conocido. Infórmale lo que viste y juntos van al lugar

* Llama al 911 - Si tu ves que está ocurriendo un maltrato o abuso, infórmale a tus padres o guardian que llamen al 911 porque es una emergencia

Advice to Parents Who Adopt Abused Animals:

* Patience and samples of affection will be key to help the pet to trust his new family.

* Remember that a dog that has been mistreated can see sadness on his face and sometimes show aggressiveness due to the life they led before.

* Do not forget that certain compulsive behaviors such as excessive barking or licking a lot for no reason can be signs that the animal has been treated badly.

* Avoid contact with an abused dog that arrives at the house, it will be he / she who will gradually approaches to the new owner.

* Communicating with your vet with any questions about your canine is very important.

* People with toxic lawns should remember canines eat grass, roll and walk and can bring pesticide residues to the house.

Asesoramiento a los Padres que Adoptan Animales Maltratados:

* La paciencia y las muestras de afecto serán claves para ayudar a la mascota a confiar en su nueva familia.

* Un perro que ha sido maltratado puede verse la tristeza en su rostro y a veces mostrar agresividad debido a la vida que llevaban antes.

* No olvide que ciertos comportamientos compulsivos como ladridos excesivos o lamer mucho sin ninguna razón pueden ser signos de que el animal ha sido tratado mal.

* Evite forzar el contacto con un perro maltratado que llega a la casa, será él / ella quien se acerca gradualmente al nuevo propietario.

* La comunicación con su veterinario con cualquier pregunta acerca de su canino es muy importante.

* Ciudadano con toxinas en el césped, Recuerden que los caninos comen pasto, ruedan y caminan y pueden traer residuos de pesticidas a la casa.

Many dogs must go to recovery for many months for injuries, medical conditions and intense training as needed. I have been in contact with all the dogs that appear on this book and they are placed in homes who love and believe in them. I know that they will succeed!

Muchos perros deben recuperarse durante muchos meses por lesiones, condiciones médicas y hasta entrenamiento intenso según sea necesario. He estado en contacto con todos los perros que aparecen en este libro y son colocados en hogares que aman y creen en ellos. ¡Sé que tendrán éxito!

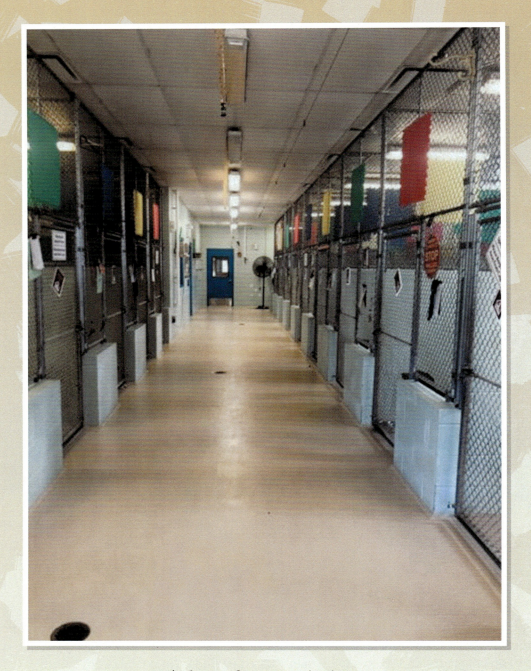

Adopt from a shelter!

¡Adopte de un albergue!

ACKNOWLEDGEMENTS/ AGRADECIMIENTOS

Dr. Elise Wajid- Owner Between the Lines

Kathy Mc Guire - President & Founder NJ Aid for Animals Sicklerville, NJ

Lucy Marin - Dog Rescue Volunteer- Ceiba, Puerto Rico

Tom Bellucci- Dog Trainer- Little Egg Harbor, NJ

To all dog owners that are involved in this project.

Thank you!

Gracias!

Printed in the United States
By Bookmasters